BEI GRIN MACHT SICH IHR
WISSEN BEZAHLT

- Wir veröffentlichen Ihre Hausarbeit,
  Bachelor- und Masterarbeit

- Ihr eigenes eBook und Buch -
  weltweit in allen wichtigen Shops

- Verdienen Sie an jedem Verkauf

Jetzt bei www.GRIN.com hochladen und kostenlos publizieren

GRIN ☺

Birgit Bergmann

Orientierungspratikum an Gymnasium und Volksschule. Erfahrungsbericht und Reflexion

GRIN Verlag

Bibliografische Information der Deutschen Nationalbibliothek:

Die Deutsche Bibliothek verzeichnet diese Publikation in der Deutschen National-
bibliografie; detaillierte bibliografische Daten sind im Internet über http://dnb.d-
nb.de/ abrufbar.

Impressum:

Copyright © 2011 GRIN Verlag, Open Publishing GmbH
Druck und Bindung: Books on Demand GmbH, Norderstedt Germany
ISBN: 978-3-668-00718-5

Dieses Buch bei GRIN:

http://www.grin.com/de/e-book/302096/orientierungspratikum-an-gymnasium-und-
volksschule-erfahrungsbericht-und

GRIN - Your knowledge has value

Der GRIN Verlag publiziert seit 1998 wissenschaftliche Arbeiten von Studenten, Hochschullehrern und anderen Akademikern als eBook und gedrucktes Buch. Die Verlagswebsite www.grin.com ist die ideale Plattform zur Veröffentlichung von Hausarbeiten, Abschlussarbeiten, wissenschaftlichen Aufsätzen, Dissertationen und Fachbüchern.

Besuchen Sie uns im Internet:

http://www.grin.com/

http://www.facebook.com/grincom

http://www.twitter.com/grin_com

Alpen-Adria Universität K.

Fakultät für Kulturwissenschaften

Abteilung für Schulpädagogik

Proseminar:

Orientierung im Studien- und Berufsfeld

LV-Nr.: 120.831, SS 2011

Thema:

Portfolio

Birgit Bergmann

Studienrichtung: Lehramt UF Mathematik/Italienisch

1. Semester

Abgabedatum: 29.05.2011

2

Inhaltsverzeichnis

1. Einleitung

Im Rahmen der Lehrveranstaltung Orientierung im Studien- und Berufsfeld sollen wir Studenten und Studentinnen etwas über den Berufswunsch Lehrer/in erfahren. Ein Teil der Lehrveranstaltung wurde in der Universität abhalten und der andere Teil der Lehrveranstaltung fand in der von uns Studenten gewählten Schule statt. In der Schule waren wir dann als sogenannte Orientierungspraktikanten unterwegs und konnten so erste Eindrücke vom Beruf Lehrer/in bekommen. Durch dieses Orientierungspraktikum hatten wir die Möglichkeit Lehrer/innen, Schüler/innen und Klassen zu beobachten. Weiters gab es die Möglichkeit selbst zu unterrichten, was ich später noch genauer erläutern werde.

In diesem Portfolio möchte ich unter anderem meine Beobachtungen und Erfahrungen aus dem Orientierungspraktikum an einem Gymnasium in K. niederschreiben und reflektieren. Weiters möchte ich auch meine Beobachtungen und Erfahrungen aus dem Volksschulbesuch in der VS in F. reflektieren und den beobachteten Unterricht mit dem Unterricht aus dem Gymnasium gegenüberstellen und vergleichen.

In der Schule wechselten sich Hospitations- und Besprechungsstunden ab. Ich hatte die Möglichkeit bei mehreren Lehrer/innen den Unterricht zu beobachten. Da meine Betreuungslehrerin selbst Mathematik unterrichtet, hat es sich für mich angeboten den Großteil der Hospitationsstunden bei ihr zu verbringen. Ich hatte auch die Gelegenheit mit anderen Mathematiklehrer/innen mitzugehen. Weiters durfte ich auch einige Stunden bei einer Italienischlehrerin und ihrer Unterrichtspraktikantin, und auch 2 Stunden Biologie beobachten.

Ich möchte mich noch bei meiner Betreuungslehrerin bedanken, da sie mich im Rahmen dieser Lehrveranstaltung sehr gut betreut hat und ich so eine bessere Vorstellung vom Schulalltag bekommen habe.

2. Erfahrungsbericht zum Orientierungspraktikum

2.1. Einführung mit der Lehrperson

Das Orientierungspraktikum begann damit, dass ich an einem Vormittag in die Schule gefahren bin und um mich mit meiner Betreuungslehrerin zu einer Vorbesprechung zu treffen. Zuerst haben wir über allgemeine Dinge gesprochen, wie Studium, Schule, und vieles mehr. Ich habe dann ihren Stundenplan gekommen, um mir selbst die Hospitations- und Besprechungsstunden einzuteilen. Wir haben über ihre Klassen geredet, über die Schule im Allgemeinen und über Bewertungssysteme. Weiters hat mir meine Betreuungslehrerin angeboten selbst zu unterrichten, was ich auf jeden Fall machen wollte.

Mich hat es sehr gefreut, wo ich die Unterrichtsfächer meiner Betreuungslehrerin erfahren habe, weil sie fast die gleichen Fächer studiert hat, wie ich das im Moment mache. Sie hat Mathematik und Französisch an der Universität K. studiert und zwei Jahre am Institut für Didaktik der Mathematik gearbeitet, sie hat auch am Europagymnasium in der Nachmittagsbetreuung gearbeitet, was sie jetzt noch macht, bevor sie ins Gymnasium kam. Für mich war es sehr praktisch, dass meine Betreuungslehrerin Mathematik unterrichtet, weil ich selbst Mathematik studiere und ich so einen Einblick in die Unterrichtsführung bekommen habe.

Weiters hat sie mir das Konferenzzimmer gezeigt, wo die meisten Lehrer/innen gedacht haben, dass ich eine Schülerin sei, und sie mich „vor die Tür setzen" wollten. Mir hat auch meine Betreuungslehrerin angeboten, dass sie mit anderen Lehrer/innen redet, dass ich auch deren Unterricht beobachten könne.

2.2.Beschreibung einer Klasse

Ich hatte insgesamt 4 Klassen, die 2E, 3C, 5A und die 7BD, für die Beschreibung zur Auswahl. Ich habe mich für die 7BD entschieden, weil ich in dieser Klasse meine Unterrichtssequenz gehalten habe.

Jetzt möchte ich die Klasse etwas genauer beschreiben. Die 7BD hat ca. 20 Schüler/innen und besteht zu einer Hälfte aus Musiker/innen und zur anderen Hälfte aus Zeichner/innen. Die Schüler/innen sind sehr engagiert und sie arbeiten soweit ich beobachtet habe auch gerne mit.

Ein Schüler hat stellt gerne Fragen, die über den Schulstoff hinausgehen, um das Wissen der Lehrerin bzw. mein Wissen zu testen. Eine Schülerin, eine Austauschschülerin aus Australien, sitzt nur in der Klasse, weil sie Deutsch lernen möchte. Mir ist aufgefallen, dass sie gar nicht zuhört, Musik hört, aber sich sehr ruhig verhält und somit ihre Mitschüler/innen nicht stört. In der Klasse gibt es auch welche, die bei der Schularbeitenvorbereitung sich nicht dafür interessieren, sie stören aber nicht, sondern sie beschäftigen sich in dieser Zeit mit etwas anderem. Die Schularbeitenvorbereitung ist in einem werkstattähnlichen Arbeiten abgelaufen, die Schüler/innen üben selbstständig die Beispiele und führen dann eine Selbstkontrolle durch. Die Schüler/innen arbeiten sowohl in Einzel-, Partner- und Gruppenarbeiten an den Beispielen. Die Lehrerin steht somit für Fragen zur Verfügung, wenn es welche geben sollte. Sozusagen ist die Lehrerin in dieser Situation nur eine Art von Berater. Ich habe mich sogar gefreut, als mich ein paar Schüler/innen um Hilfe gebeten haben, ob ich ihnen helfen könnte.

Auch bei meiner Unterrichtssequenz in dieser Klasse haben mich die Schüler/innen vollkommen akzeptiert und ernst genommen.

Es gab auch die Situation, dass bei der Kontrolle der Hausübung die Lehrerin bemerkt hat, dass fast alle Schüler/innen vom jemand anderem aus der Klasse abgeschrieben haben. Da dies der Lehrerin nichts ausmachte, sagte sie den Schüler/innen, dass sie sich die Hausübungsbeispiele noch einmal durchsehen sollten, weil die Lehrerin einen Schüler prüfen musste. Mir ist aufgefallen, dass einige Schüler/innen zu ein und derselben Schülerin gegangen sind und diese um Hilfe gebeten haben, das war das Indiz für mich, dass mehr oder weniger alle von dieser Schülerin abgeschrieben haben.

2.3. Beobachtungsaufgaben und Dokumentation

2.3.1. Was interessiert mich am Praktikum?

Am meisten interessiert mich, den Ablauf in der Schule aus der Sicht des Lehrers zu sehen, welche Aufgaben dieser hat, was dieser darf, welcher Pflichten dieser hat und wie dieser mit den Schüler/innen umgeht. Besonders spannend fand ich zu sehen, dass Unterricht in den meisten Fällen nicht so läuft, wie man es sich vorgenommen hat. Ich habe auch gesehen, dass ein typischer Tag in der Schule aus Höhen und Tiefen besteht, wie z.b.: gute und schlechte Prüfungen, schwankende Motivation, Arbeitsklima ist situationsabhängig,…

2.3.1.1. Wie akzeptieren/sehen mich die Schüler/innen im Unterricht?

Mich hat es sehr gefreut, dass die Schüler/innen von selbst auf mich zugekommen sind und mich um Hilfe gebeten haben, so konnte ich die Lehrer/innen etwas entlasten. Am Anfang war es für mich sehr ungewohnt von den Schüler/innen mit „Sie" angesprochen zu werden, aber dies hat sich jetzt mit der Zeit schon gelegt. Die Schüler/innen haben mich mehr oder weniger als Lexikon gesehen, was mir auch irgendwie gefallen hat. Weiters war ich eine Hilfe, falls es Probleme gab. Ich habe in meiner Unterrichtssequenz gemerkt, dass mich die Schüler/innen total akzeptieren, sie haben mir die Chance gegeben, mein Wissen und meine Fähigkeiten im Bereich der Mathematik zu präsentieren. Da ich mehrmals selbst unterrichten durfte, habe ich wirklich gemerkt, dass mich die Schüler/innen total ernst nehmen und sich auch gerne von mir helfen lassen.

2.3.1.2. Wie sieht es mit dem Problem Schummeln aus?

Ich habe in meinen Hospitationsstunden in einer 5A bzw. 5B eine Mitarbeitskontrolle in Mathematik und einen Vokabeltest in Italienisch mitbekommen. Bei der Mitarbeitskontrolle bin ich hinten im Klassenzimmer herumgegangen, um zu beobachten, ob die Schüler/innen eigentlich schummeln. Zu meiner Verwunderung hat keiner der Schüler/innen direkt geschummelt. Ist es eher vorgekommen, dass sie voneinander abgeschrieben haben, obwohl sie verschiedene Gruppen hatten. Beim Vokabeltest hat mich die Lehrerin in der Klasse während des Tests ein wenig durch den Klassenraum zu gehen, um zu überprüfen, welche Schüler/innen schummeln. Ich habe da mitbekommen, dass 3 Schüler/innen geschummelt haben, wobei eine Schülerin den Schummelzettel weggepackt hat, wo sie bemerkt hatte, dass ich hinter ihr stehe. Die anderen 2 haben mich mehr oder weniger ignoriert. Einer dieser 2 Schüler hat sogar mit seinem Handy die Übersetzungen im Internet gesucht. Ich habe niemanden auffliegen gelassen, sondern habe erst im Nachhinein der Lehrerin gesagt, welche Schüler/innen geschummelt haben. Ein Schüler hat es sogar geschafft, dass er einen Fünfer bekommen hat, obwohl er geschummelt hatte und nicht aufgeflogen ist. Es ist aber auch mehrmals während des Tests vorgekommen, dass die Lehrerin Schüler/innen ermahnen musste, dass diese nicht voneinander abschreiben.

2.3.1.3. Wie verhalten sich die Schüler/innen bei Werkstattunterricht bzw. bei werkstattähnlichem Arbeiten?

Ich hatte die Gelegenheit eine Werkstatt zum Thema Taschenrechner in der 2E zu beobachten. Zuerst hat die Lehrerin den Schüler/innen die „Spielregeln" erklärt. Die Schüler/innen haben zu meiner Verwunderung selbstständig gearbeitet und sind auch von Station zu Station gewandert, die Lautstärke war angenehm. Mir ist auch aufgefallen, dass die Schüler/innen mit ihrer Anfangsgruppe von Station zu Station gegangen sind. Es gab auch Schüler/innen, die unbedingt auch ein wenig Blödsinn machen mussten. Nach einer halben Stunde ist es auf einmal im Klassenzimmer lauter geworden, weil Taschenrechner zu Boden gefallen sind und die Schüler/innen lauter miteinander geredet haben. Bei den Blödeleien sind sowohl die Mädchen als auch die Burschen beteiligt. Manche Schüler/innen sind an den Stationen schneller als andere, deshalb hat es manchmal Hektik gegeben, um eine Station zu bekommen. Eine der 6 Stationen war meistens nicht besetzt. Schüler/innen, denen nur gewisse Stationen gefehlt haben, wussten nichts mit sich anzufangen, wenn die Station noch besetzt war, die sie noch benötigen.

Weiters habe ich in 3 Klassen (2E, 5A und 7BD) die Schularbeitenvorbereitung im Fach Mathematik beobachtet, welche in Form von werkstattähnlichem Arbeiten abgelaufen ist. Im Gegenteil zur Werkstatt sitzen die Schüler/innen beim werkstattähnlichen Arbeiten an ihren eigenen Plätzen und wandern nicht von Station zu Station. Sie üben selbstständig mit den vorbereiteten Übungszetteln für die Schularbeit. Es war eigentlich in jeder dieser Klassen eine angenehme Lautstärke und die Schüler/innen haben das Angebot zum Üben auch gerne angenommen. Der Lehrer ist bei dieser Unterrichtsform eher ein Berater und beantwortet offene Fragen von Seiten der Schüler/innen.

2.3.2. Stundenprotokoll

Zeit	2'	8'	14'	22'	4'
Phase	Begrüßung	Vorbesprechung zum Taschenrechner	Start des eigentlichen Unterrichts – Wiederholung des Stoffs von der letzten Unterrichtsstunde	Erarbeitung einer neuen Formel mit Anwendungsbeispielen	Bekanntgabe der HÜ, Ende des Unterrichts, Verabschiedung
Sozialformen Methoden	Frontalunterricht	Diskussion	Frontalunterricht	Fragend-entwickelnde Methode	Frontalunterricht
LehrerInnen-handlungen	steht vor der Tafel und begrüßt die Schüler/innen	geht gut auf die Fragen der Schüler/innen ein	ermahnt einen Schüler; bringt Beispiele zur Anwendung der Promille im Alltag	Bespricht mit den Schülern ein Beispiel zur Prozentrechnung, wo man sieht, dass ein Taschenrechner bei der Berechnung von Vorteil wäre; Lehrerin geht nicht auf das Verhalten einer Schülerin ein, die mit Sonnenbrille in der Klasse sitzt	gibt die HÜ bekannt, die bis zur nächsten Stunde gemacht werden muss
SchülerInnen-handlungen	stehen während der Begrüßung auf und setzen sich anschließend wieder hin	Einige Schüler/innen laufen durch die Klasse und holen ihre Hefte; werden etwas lauter als normal	stellen viele Fragen; Warum besteht Mathematik nicht nur aus rechnen? (Antwort der Lehrerin: In der Unterstufe wird viel Rechenarbeit betrieben, in der Oberstufe stehen interpretieren und argumentieren im Vordergrund)	sind ruhig; sollen selbst herausfinden, wie sie den Prozentsatz ausrechnen können, wenn der Grundwert und der Anteil gegeben ist; bringen viele eigene Vorschläge; kommen selbstständig auf die Formel; ein Schüler lutscht auf einem Stift herum; eine Schülerin sitzt mit Sonnenbrille in der Klasse; Schülerin geht vor die Tür	sind laut und laufen durch die Klasse

2.3.3. Fragestellung zur Hospitation

Wie ist das Problem mit den Handys im Unterricht?

Mir ist aufgefallen, dass es in vielen Klassen Probleme mit den Handys gibt, weil sich die Schüler/innen lieber mit dem Handy beschäftigen anstelle sich mit dem Unterricht zu beschäftigen. In der 2E und 3C habe ich keine/n Schüler/in beobachtet, der bzw. die mit dem Handy gespielt hat. In der 5A und 7BD habe ich viele Schüler/innen beobachtet, sie wurden sogar von der Lehrerin ermahnt, dass sie ihr Handy wegpacken sollten. Dies haben sie zwar getan, aber schon kurze Zeit später waren die Handys wieder auf ihren Tischen. In einer Italienischstunde hatte ich den Auftrag der Lehrerin, die Schüler/innen bei einem Vokabeltest zu beobachten, ob diese schummeln. Dabei hat es einen Schüler aus der fünften Klasse gegeben, der das Handy benützt hat, um Vokabel in einem Online-Wörterbuch nachzuschlagen.

2.3.4. Was bedeutet für mich ein „guter Unterricht"?

Für mich gehört zu einem guten Unterricht, dass die Lehrperson selbst motiviert ist um sein bzw. ihr Fach zu präsentieren. Weiters ist für mich der Aha-Effekt sehr wichtig, weil dieser das Verständnis der Schüler/innen über den durchgemachten Stoff wiederspiegelt.

Weiters ist für mich ein guter Unterricht dann vorhanden, wenn man merkt, dass die Schüler/innen freiwillig mitarbeiten und man auch an den Leitungen erkennt, dass das Gelehrte verstanden wurde.

2.3.5. Welche Methoden kann ich im Orientierungspraktikum beobachten bzw. miterleben?

Frontalunterricht, Einzel-, Partner-, Gruppenarbeiten, werkstattähnliches Arbeiten, Werkstattunterricht, Diskussion, Fragend-entwickelnde Methode, Experiment

Die Methoden, die ich bei den Hospitationen am häufigsten beobachtet habe, waren der Frontalunterricht und die fragend-entwickelnde Methode.

2.4. Vorbereitung, Durchführung und Nachbereitung einer Unterrichtssequenz

Für mich war es nicht leicht, mich für eine Klasse zu entscheiden, wo ich meine Unterrichtssequenz halten möchte. Ich habe mich schlussendlich für die 7BD entschieden, weil mir der Stoff, den diese Klasse im Moment durchnimmt, leicht fällt.

Vorbereitung:

Ich habe mich entschieden einen Teil der Mathematik-Stunde selbst zu unterrichten und die Einführung in die Extremwertaufgaben zu machen. Das bedeutet eine sowohl theoretische als auch praktische Einführung mit Beispielen. Ich habe mir anhand von Kopien aus dem Schulbuch eine Reihe von Anwendungsbeispielen vorbereitet, deren Lösungen ich auch mit einem Mathematik-Programm für die Schüler/innen aufbereitet habe. Weiters habe ich mit meiner Betreuungslehrerin den Stoff, den ich präsentieren soll, durchbesprochen, um auf etwaige Fragen bzw. Verständnisprobleme aufmerksam zu werden. Der Termin für die Unterrichtssequenz wurde dann im Anschluss festgelegt, dieser war der 27.4.2011 in der 5. Stunde. Es wurden die vorbereiteten Lösungen kopiert.

Durchführung:

Am Mittwoch, dem 27.4.2011 in der 5. Stunde war es dann soweit, ich habe fast die ganze Stunde unterrichtet. Zuerst wurden die vorbereiteten Kopien ausgeteilt, dann gab es eine theoretische Einführung und dann habe ich mit der Klasse gemeinsam 2 komplette Beispiele erarbeitet. Die Schüler/innen haben mich während meines Unterrichts voll akzeptiert und respektiert. Es haben sogar einige Schüler/innen ganz fleißig mitgearbeitet. Die Schüler/innen haben sich auch getraut nachzufragen, wenn sie noch etwas wissen wollten. ich bin dann auch auf deren Fragen eingegangen und habe sie so gut wie möglich beantwortet.

Nachbereitung:

Ich hatte keine Angst vor der Klasse zu stehen und über ein mathematisches Thema zu „referieren". Im Gegenteil, ich hatte eine totale Freude dabei. Ich habe sogar von den Schüler/innen ein gutes Feedback bekommen. Das Einzige, was sie für negativ gewertet haben war, dass ich zu jung bin. Meine Betreuungslehrerin fand es bewundernswert, dass ich mich im 2. Semester vor eine 7. Klasse gestellt habe und ihnen die Einführung der Extremwertaufgaben präsentiert habe. Das Erklären des Stoffes hat gut funktioniert. Es gab wenige Fragen von Seiten der Schüler/innen, weil der Stoff komplett neu für sie war.

2.5. Nachbereitung mit der Lehrperson

Anfangs möchte ich mir die Frage stellen, ob das Praktikum überhaupt sinnvoll ist. Ich finde, dass dies total wichtig ist, weil man so zu Studienbeginn sieht, ob der Lehrberuf für einen das Richtige ist oder nicht. Ich finde auch, dass das Orientierungspraktikum ausgeweitet werden könnte, da man so mehr Erfahrungen und Eindrücke sammeln kann.

Ich bin mit kaum Erwartungen in die Schule gegangen, ich wollte mich einfach überraschen lassen. Die einzigen Wünsche, die ich hatte war, dass ich mit Unterricht ansehen darf und dass ich auch selbst unterrichten darf. Die Atmosphäre in der Schule war für mich sehr angenehm. Die Zusammenarbeit mit den Lehrern und Lehrerinnen war gut, soweit ich das beurteilen kann.

Durch das Orientierungspraktikum habe ich gemerkt, dass der Lehrberuf kein „Zuckerschlecken" ist. Weiters gibt es auch mögliche Schwierigkeiten mit Klassen, die einfach den Lehrer oder die Lehrerin nicht respektieren. Eine Sache, die mit oft aufgefallen ist, ist dass das Zeitmanagement ein großes Problem ist. Es gibt Schüler/innen, die den Stoff schneller verstehen als andere, deshalb muss der Lehrer bzw. die Lehrerin Rücksicht auf die „Schwächeren" nehmen. So kann es passieren, dass der Stoff, den die Lehrperson in der Stunde durchmachen wollte, nicht durchbringt. Eine weitere Beobachtung ist, dass die Schüler/innen schnell merken, wenn etwas nicht stimmt, z.B.: wenn die Lehrperson schlechte Laune hat, etc. Es wird oftmals zu viel Zeit verschwendet, die besser genützt werden könnte. Meist ist dies passiert, wenn die Schüler/innen durch die Klasse spazieren, um die Fehlstunden nachzusehen, beim Hefte holen,... Eine weitere Sache, die mir ins Auge gesprungen ist, dass der Unterricht zu großen Teilen nur aus Frontalunterricht besteht.

Das Orientierungspraktikum ist nicht nur für die Studenten und Studentinnen eine gute Erfahrung, sondern auch für die Lehrer/innen, weil diese durch die Beobachtungen Aufschluss darüber bekommen, welche Prozesse von Seiten der Schüler/innen im Unterricht vor sich gehen. Durch das Orientierungspraktikum habe ich gemerkt, dass nicht nur wir als Studenten und Studentinnen von den Lehrer/innen etwas gelernt haben, sondern auch die Lehrer/innen von uns.

Eine wichtige Sache, die noch angemerkt werden muss ist diese, dass das Beobachten von Unterricht bei anderen Lehrpersonen, die nicht der bzw. die Betreuungslehrer/in sind, nicht selbstverständlich ist. Daher habe ich mich besonders gefreut, dass viele Lehrer/innen zugestimmt haben, dass ich bei ihnen hospitieren durfte.

Ich hätte mir auch bessere Instruktionen von Seiten der LV-Leitung gewünscht, da ich teilweise nicht gewusst habe, was eigentlich im Portfolio stehen muss. Beispielsweise wurde, soweit ich mitbekommen habe, nie gesagt, was es eigentlich mit der Nachbereitung mit der Lehrperson auf sich hat und was bei der Zusammenfassung der LV-Termine geschrieben werden soll.

Aber im Großen und Ganzen bin ich mit dem Orientierungspraktikum sehr zufrieden, da ich total viel gelernt habe und da ich auch viele Erfahrungen für mein späteres Berufsleben gesammelt habe.

3. Kurzbericht zu den Erfahrungen in der Volksschule

3.1.Beschreibung einer Klasse

Ich hatte 2 Klassen für die Beschreibung zur Verfügung, eine 3. und eine 4. Klasse. Ich habe mich dann für die 3. Klasse entschieden, weil ich in dieser Klasse viel mehr beobachten konnte als in der anderen Klasse.

Die Klasse hat 20 Schüler/innen, davon sind 2 SPF-Schüler, d.h. Sonderschüler. In der Klasse gibt es 10 Schüler und 10 Schülerinnen. Die Klassenlehrerin ist mit ihren Schüler/innen per „Du", was mich total verwundert hat.

Die Klasse verhält sich bei Arbeitsphasen sehr leise, aber gewisse Schüler/innen schreiben von einander ab. Die Lehrerin hat viel Freiraum beim Unterrichten, weil sie ja die einzige Lehrerin ist, die in dieser Klasse unterrichtet. Sie kann den Unterricht selbst planen und einteilen, sie kann aber auch die Stunden so gestalten, wie sie möchte. Sie macht beispielsweise Deutsch und Mathematik immer in den ersten zwei Stunden, weil da die Schüler/innen mehr Informationen aufnehmen können. Zeichnen, Turnen etc. finden daher erst in den letzten Stunden statt.

Eine Schülerin hat den „Zwang" der Lehrerin ganz viel zu erzählen, dies deutet für mich darauf hin, dass das Vertrauen zwischen der Schülerin und der Lehrerin sehr gut sein muss. Mir ist auch aufgefallen, dass die Schüler/innen durcheinander reden und einfach Antworten herausrufen, ohne sich vorher zu melden.

Es gibt in dieser Klasse auch Schüler/innen, die Aufgaben schneller bearbeiten als andere. Jede/r Schüler/in trägt Hausschuhe. Es befinden sich auch 2 Linkshänder und 2 Brillenträger in der Klasse. Es ist auch so, dass die Burschen nur neben Burschen sitzen und die Mädchen nur neben Mädchen.

3.2. Vergleich des Unterrichts an der VS mit dem Unterricht an der AHS

Besonders auffällig war für mich, dass die Kinder in der Volksschule mit den Lehrer/innen per „Du" sind, was im Gymnasium nicht der Fall ist.

Von den Unterrichtsmethoden her, habe ich in der Volksschule nur die Einzelarbeit und die fragend-entwickelnde Methode miterlebt. Was auch zu beachten ist, ist dass die Lehrer/innen sehr genaue Anweisungen geben müssen, dass die Schüler wissen, was zu tun ist. Etwas, das auch sehr wichtig an der Volksschule ist, war die Kontrolle der Aufgaben durch den Lehrer bzw. die Lehrerin. Es kommt auch vor, dass die Schüler/innen die Aufgabe gemeinsam mit dem Lehrer oder der Lehrerin verbessern.

Mir ist sowohl in der Volksschule als auch im Gymnasium aufgefallen, dass die Lehrer/innen gewisse Schüler/innen einbremsen müssen, damit sie nicht allzu weit vom Thema abweichen. Im Unterricht wird ein Thema in der Volksschule total oft wiederholt, bis es jede/r Schüler/in verstanden hat.

Etwas, das auch in beiden Schulformen vorkommt, ist das Abschreiben. Zu meiner Verwunderung haben die Schüler/innen in der Volksschule fleißiger mitgearbeitet als die Schüler/innen im Gymnasium.

Weiters hat ein/e Lehrer/in in der Volksschule viel mehr Möglichkeiten und Freiheiten den Unterricht zu gestalten im Hinblick auf die Reihenfolge der Fächer.

4. Zusammenfassung der Lehrveranstaltungstermine

Im Rahmen des ersten Blocktermins gab es eine allgemeine Einführung in die LV. Anschließend gab es eine Einführung durch die beiden LV-Leiter und es wurden die Studenten und Studentinnen den Schulen zugeteilt. Weites wurden wir darauf aufmerksam gemacht, was wir für einen positiven Abschluss der LV machen müssen.

Der zweite Blocktermin wurde von Herrn M. gehalten. Wir haben uns unter anderem mit CCT (Career Counselling for Teachers) beschäftigt. Wir sollten den Fragebogen auf dieser Seite beantworten, um zu sehen, ob der Lehrberuf für uns interessant sein könnte. Weiters gab es eine Vorstellrunde unter uns Studenten, indem jeder einen anderen vorgestellt hat. Es gab auch einige Fragen über den Lehrberuf im Allgemeinen.

Der dritte Blocktermin wurde von Herrn M. gehalten und wir haben über die Lehrer-/Lehrerinnenrolle und Klassenführungsstile beschäftigt. Es gab auch Diskussionen, was eine/n „gute/n" Lehrer/in ausmacht. Wir haben auch die verschiedenen Lehrertypen besprochen. Weiters haben wir uns damit beschäftigt, welche/n Lehrer/in sich Schüler/innen wünschen. Das Ergebnis war, dass die Lehrperson konsequent sein sollte, mit Zielen vor den Augen und auch fachlich kompetent sein muss. Das bedeutet dass die Lehrperson mit einem „Bündel" von Merkmalen ausgestattet sein muss, um ein/e gute/r Lehrer/in zu sein.

Der vierte Blocktermin wurde von Frau T. gehalten und haben wir uns mit der Rolle des Lehrers und der Lehrerin im Unterricht unterhalten, da diese/r in verschiedensten Situationen die Rolle wechseln muss. Weiters wurden die Kompetenzen der Lehrperson aufgezählt und wir haben eine Definition für Didaktik formuliert. Es wurden auch verschiedenste Unterrichtsformen angesprochen und auch etwas über Unterrichtsvorbereitung und Unterrichtsplanung gesagt.

Beim fünften Blocktermin haben wir Studenten und Studentinnen eine Unterrichtsmethode als Team präsentiert, wobei Frau T. anwesend war. Es gab 2er- und 3er-Gruppen. Ziel dieser Präsentation war es Feedback zu bekommen. Ich finde, dass die Teampräsentation prinzipiell eine gute Idee war, vor allem dass dies noch vor Ostern geschah, weil ich nach Ostern meine Unterrichtseinheit hatte. Mir hat das Feedback von der Teampräsentation sehr geholfen, weil ich dann wusste, auf welche Dinge ich in der Schule Acht geben sollte.

Der sechste Blocktermin wurde als E-learning Einheit verwendet, um uns die Möglichkeit zu geben an diesem Termin eine Volksschule zu besuchen, um dort Beobachtungen zu machen.

Mir hat der Besuch in der Volksschule gut gefallen, da ich dort gut sehen konnte, dass die Lehrtätigkeit in der Volksschule keine leichte ist, weil ich denke, dass die Lehrperson mehr Verantwortung tragen muss als ein/e Lehrer/in in einem Gymnasium. Ich könnte mir auch nicht vorstellen in einer Volksschule zu unterrichten, da ich gar nicht wüsste, wie ich einem Volksschüler bzw. einer Volksschülerin beibringen könnte, wie man multipliziert, dividiert etc.

Der siebente Blocktermin wurde von Herrn M. gehalten. Als erstes haben wir den letzten gemeinsamen Blocktermin mit Herrn M. reflektiert. Als nächstes haben wir ein Rollenspiel zum Thema Lehrertypen gemacht, indem wir eine Konferenz zum Thema „Vandalismus an der Schule" simuliert haben und wir uns in eine bestimmte Lehrerrolle hineinversetzen mussten. Es gab 4 Lehrertypen zur Auswahl, wobei jeder dieser Lehrertypen ein anderes Merkmal hatte. Es gab so gesagt 4 Wege, das kommunikative Handeln, das fachlich-orientierte Handeln, das disziplinierende Handeln und das arbeitsökonomische Handeln. Die Konferenz ist sehr realistische abgelaufen. Die Rolle, die ich in diesem Rollenspiel gespielt habe, war für mich nicht so angenehm, da ich mich nicht allzu gut durchsetzen kann. Das Ergebnis dieses Spiel war für mich, dass Lehrer/innen Mischtypen sind und dass die Rolle, die die Lehrer/innen in einem Augenblick inne haben situationsabhängig ist. Danach haben wir die zehn Merkmale guten Unterrichts von Hilbert Meyer besprochen, dann haben wir QIS (**Q**ualität **i**n **S**chulen) gesprochen, wo es unter anderem um Qualitätsbereiche, Personalentwicklung geht. Weiters kam der Zyklus der Qualitätsentwicklung zur Sprache. Nach diesen theoretischen Inputs gab es eine Gruppenarbeit über die Erfahrungen an der Schule anhand der Merkmale guten Unterrichts von Hilbert Meyer und die Qualitätsbereiche in der Schule. Am Ende des Blocktermins haben wir noch über PISA (**P**rogramme for **I**nternational **S**tudent **A**ssessment), deren Ergebnisse von 2009 im Bereich Lesekompetenz, wir haben uns auch 2 Originalbeispiele angesehen und durchbesprochen. Zu guter Letzt haben wir darüber geredet, warum die PISA-Ergebnisse für Österreich nicht so „berauschend" sind bzw. welche Faktoren für diese Ergebnisse ausschlaggebend sind.

5. Reflexionen nach TZI (Themenzentrierte Interaktion)

5.1. Reflexion der inhaltlichen, methodisch-didaktischen Erfahrungen (THEMA)

Eine der wichtigsten Erfahrungen für mich war das eigenständige Unterrichten. Im Unterricht habe ich oft gesehen, dass der Lehrperson einfach die Zeit aufgeht, um den Stoff durchzubringen, den die Lehrperson machen wollte. Im Unterricht konnte ich sowohl gute als auch schlechte Erfahrungen machen, wobei die guten Erfahrungen überwiegen. Beispielsweise habe ich mich immer gefreut, wenn mich ein/e Schüler/in um Hilfe gebeten hat. Durch die vielen Hospitationsstunden habe ich einige Ideen bekommen, vor allem für Werkstattarbeit und werkstattähnliches Arbeiten. Weiters habe ich auch Ideen für anwendungsorientiertes Lernen bekommen, d.h. den Stoff vor allem anschaulich zu präsentieren und die Beispiele weltorientiert und lebensvorbereitend auszulegen. Das bedeutet für die Mathematik, dass die Beispiele von Themen handeln sollen, wo Mathematik vorkommt und das Gelernte auch im Leben von Bedeutung sein sollte bzw. für den Beruf wichtig. Dies würde dem Allgemeinbildungskonzept von Hans Werner Heymann entsprechen. Anfangs habe ich die Anforderungen im Lehrberuf für geringer gehalten, doch durch das Orientierungspraktikum habe ich gemerkt, dass ein/e Lehrer/in doch mehr tun muss, als ich anfangs angenommen habe. Ein/e Lehrer/in muss dafür sorgen, dass der Stoff aus dem Lehrplan gemacht wird, dass die Schüler/innen rechtzeitig informiert werden, wenn sie negativ beurteilt werden würden etc.

5.2. Reflexion der sozialen Erfahrungen (WIR)

Die Zusammenarbeit mit den Lehrpersonen hat gut funktioniert, denn diese haben mich im Unterricht als Stütze „verwendet". Ich habe ihnen beispielsweise einen Teil der Schüler abgenommen, oder ich habe während die Lehrperson geprüft hat auf Fragen der Schüler/innen geantwortet, ich habe auch auf eine Klasse aufgepasst, als die Lehrperson kurz aus der Klasse musste. Die Zusammenarbeit mit den Schüler/innen in den Klassen hat eigentlich auch gut funktioniert, denn ich bin den Schüler/innen zur Seite gestanden und habe Fragen beantwortet, Sachen erklärt oder einfach nur zugehört. Manchmal habe ich gemerkt, dass die Schüler/innen überhaupt kein Interesse am Unterricht haben, oder sie stören ganz einfach oder sie schwänzen überhaupt die Stunde. Als ich selbst unterrichtet habe, was ich auch 2 Mal durfte, habe ich selbst wenig von den Prozessen innerhalb der Klasse mitbekommen, weil ich durch mein „Referieren" irgendwie abgelenkt war. In den Hospitationsstunden habe ich versucht, den Unterricht aus Sicht des Lehrers zu sehen, da sind mir teilweise sogar Dinge aufgefallen, die die Lehrperson verbessern könnte. Ich habe auch bei Mitarbeitswiederholungen mitbekommen, wie gewisse Schüler/innen geschummelt haben, aber ich habe diese nicht sofort ans Messer geliefert, sondern dies erst nach der Stunde der Lehrperson berichtet. Oft habe ich bemerkt, dass der Lehrer auch viele andere Rollen besitzt, wie die des Moderators, Experten, etc. Ich habe mit fast allen Klassen, bei denen ich hospitiert bzw. unterrichtet habe, gut Erfahrungen gemacht. Nur mit einer Klasse hatte ich Probleme, denn diese zeigte kaum Interesse am Unterricht und es gab mehrere Schüler/innen, die ständig stören mussten.

5.3. Reflexion der persönlichen Erfahrungen (ICH)

Für meinen Lernprozess im Rahmen der Schulhospitation war es wichtig, dass ich gemerkt habe, dass ich jetzt auf der anderen „Seite" stehe, also meine gewohnte Schülerrolle verlassen muss. Für mich war es neu, dass mich die Schüler/innen wie eine „richtige" Lehrerin behandelt haben, sie haben meine Anweisungen respektiert, etc. Es war anfangs für mich sehr komisch von den Schüler/innen mit „Sie" angesprochen zu werden. Sehr viel Lernenergie wurde bei mir freigesetzt, als es um meine eigene Unterrichtssequenz ging. Ich habe auch sehr viel für diese Stunde vorbereitet. Da ich jetzt die Lehrerinnenrolle in der Praxis erlebt habe, sehe ich schon Unterschiede als zur persönlich erlebten Sichtweise als Schülerin. Jetzt kenne ich die Pflichten des Lehrberufes und viele andere wichtige Sachen, die für den Lehrberuf von Wichtigkeit sein könnten. Ich denke, dass ich durch das Praktikum vieles gelernt habe. Ich habe unter anderem gelernt, dass ich weder ein Lexikon noch ein Wörterbuch bin. Weiters habe ich auch gemerkt, dass ich gerne Sachen erkläre, deshalb hat es mich sehr gefreut, dass die Schüler/innen mich von selbst um Hilfe gebeten haben. Für mich war es stellenweise schwer den Bezug der Theorie in die Praxis umzusetzen.